Ernst Probst

Margaret Rutherford - Die beste Komödiantin Englands der 1960-er Jahre

GRIN Verlag

Bibliografische Information der Deutschen Nationalbibliothek:

Die Deutsche Bibliothek verzeichnet diese Publikation in der Deutschen National-
bibliografie; detaillierte bibliografische Daten sind im Internet über http://dnb.d-
nb.de/ abrufbar.

Impressum:

Copyright © 2012 GRIN Verlag, Open Publishing GmbH
Druck und Bindung: Books on Demand GmbH, Norderstedt Germany
ISBN: 978-3-656-15003-9

Dieses Buch bei GRIN:

http://www.grin.com/de/e-book/190517/margaret-rutherford-die-beste-komoedi-
antin-englands-der-1960-er-jahre

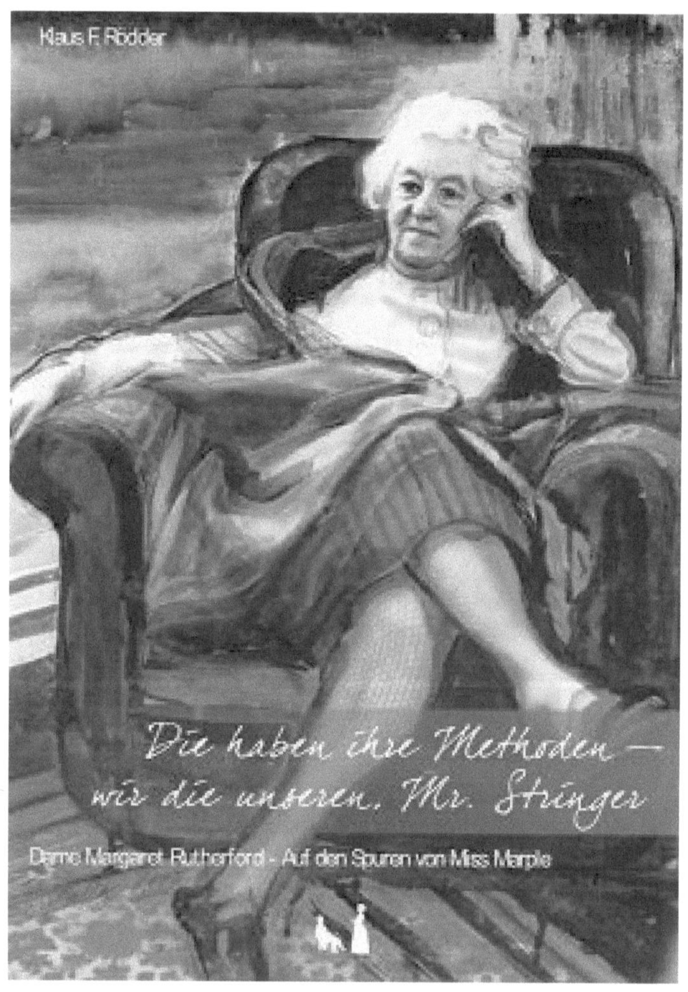

Buch über Margaret Rutherford (1892–1972)
von Klaus F. Rödder

Ernst Probst

Margaret Rutherford

Die beste Komödiantin Englands
der 1960-er Jahre

Beate Werner,
Bernd Werner,
Marianne Werner,
Otto Werner,
Sonja Werner,
Dr. Jochen Werner,
Christine Werner und
Steffen Werner
gewidmet

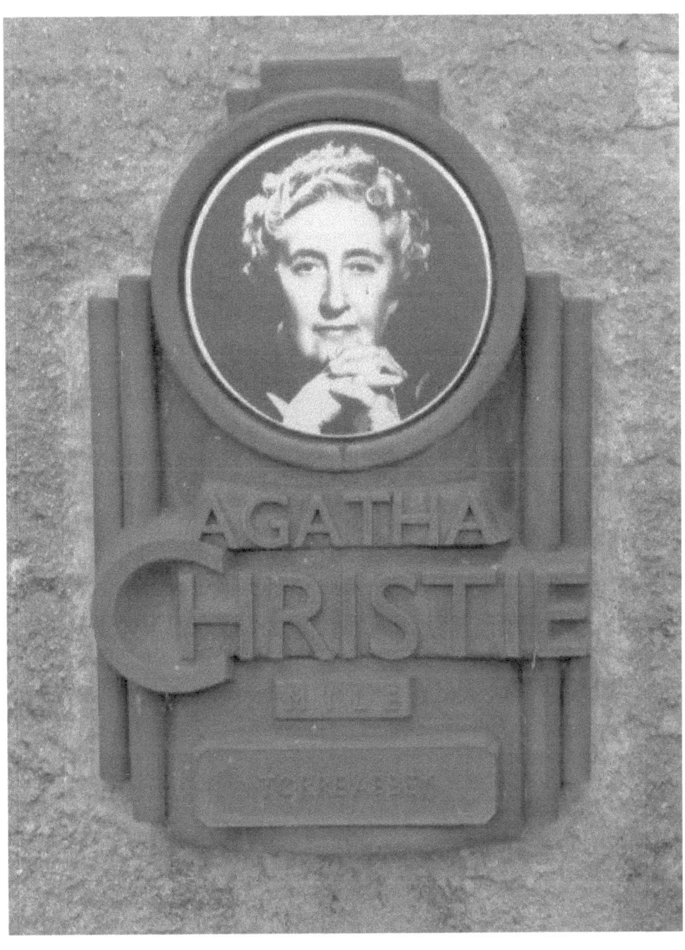

*Gedenktafel für Agatha Christie (1890–1976)
in Torre Abbey in Torquay*

Margaret Rutherford

Die beste Komödiantin Englands der 1960-er Jahre

Großbritanniens bekannteste Komödiantin der 1960-er Jahre war die Schauspielerin Margaret Rutherford (1892–1972). Ihren größten internationalen Erfolg auf der Kinoleinwand feierte sie als Amateurdetektivin namens „Miss Marple" in vier Filmen nach Kriminalromanen der britischen Schriftstellerin Agatha Christie (1890–1976).

Margaret Taylor Rutherford kam am 11. Mai 1892 als Tochter von William Rutherford (1855–1921) und Florence Rutherford (1858–1895), geborene Nicholson, in London zur Welt. Ihre Eltern hatten am 16. Dezember 1882 geheiratet. Ihr Vater war der Sohn des Geistlichen (Reverend) Julius Benn (1825–1883) und dessen Ehefrau Ann Taylor (1835–1890) und hieß ursprünglich William Rutherford Benn. Ihre Mutter stammte aus einer begüterten Lehrerfamilie.

Die Ehe der Eltern stand unter keinem glücklichen Stern. William und Florence waren sehr romantisch veranlagt und liebten die Poesie. Offenbar hatte sich Florence mehr in den Poeten als in den Mann William verliebt. Es heißt, auf die „leidenschaftliche Seite" ihrer Ehe sei sie nicht vorbereitet gewesen. Damit kam

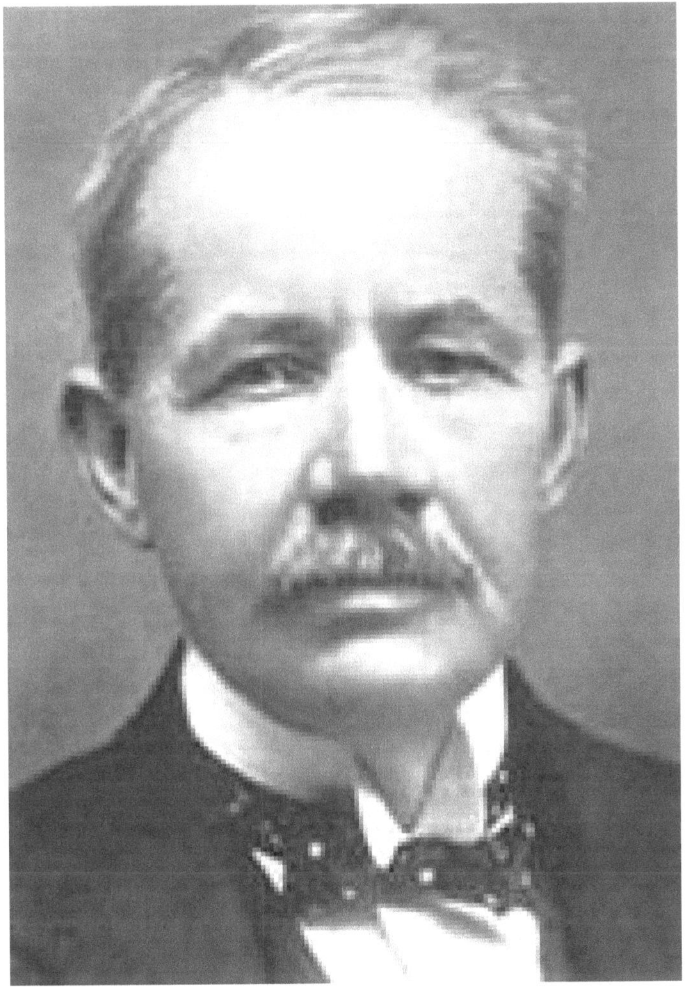

John Benn (1850–1922)

William nicht klar, erlitt einen Nervenzusammenbruch, kam in eine Nervenheilanstalt, stabilsierte sich aber bald wieder.

William Benn befolgte den Rat, er solle eine Zeitlang getrennt von seiner Ehefrau leben. Beide sollten sich langsam wieder näher kommen. Ende Februar 1883 machten William und sein Vater Julius Benn einen Urlaub in Matlock Bridge in Derbyshire. Dort erschlug William in der Nacht vom 4. auf den 5. März 1883 seinen schlafenden Vater mit einem tönernen Nachttopf. Nach dieser Gewalttat unternahm William Benn mehrfach erfolglos Selbstmordversuche. Schließlich lieferte man ihn in das „Broadmore Hospital" für kriminelle Geisteskranke ein. Nach sieben Jahren kam er wieder frei. Dies verdankte er wohl dem Einfluss seines älteren Bruders John Benn (1850–1922), der 1892 Parlamentsmitglied wurde.

Fortan benutzte William den Familiennamen Rutherford, um nicht an seine traurige Vergangenheit erinnert zu werden. Während des Aufenthalts im „Broadmore Hospital" war der Kontakt zwischen William und seiner Frau nicht abgerissen. Die Eheleute zogen wieder zusammen und ihre Beziehung normalisierte sich allmählich. Am 11. Mai 1892 kam als erstes und einziges Kind die kleine Margaret Taylor Rutherford zur Welt. 1897 wagte die Familie Rutherford einen Neuanfang in Indien. Dort arbeitete William Rutherford bei einem Seidenhändler. Die Eheleute waren nun glücklich und

Florence Rutherford wurde erneut schwanger. Dabei gab es Komplikatonen und Florence starb 1895.

Drei Monate nach dem Tod seiner Ehefrau kehrte William Rutherford zusammen mit seiner Tochter Margaret nach England zurück. In der Heimat erholte er sich seelisch nie wieder vom Tod seiner Frau und starb am 4. August 1921 in einer Londoner Anstalt im Alter von 66 Jahren.

Nach der Rückkehr aus Indien wurde Margaret („Peggy") von ihrer Tante mütterlicherseits Bessie Nicholson aufgenommen, die sie bald als Mutter empfand und ansprach. Weil sich auch die Familie Benn immer um sie kümmerte, fühlte sich Margaret nicht als Waisenkind. Als kleines Mädchen mochte Margaret gern Rollenspiele. Bei Familienfeiern ergaben sich oft Möglichkeiten, solche aufzuführen. Im Alter von acht Jahren spielte sie bei einem zu Weihnachten aufgeführten Theaterstück die Rolle einer bösen Fee. Dafür wurde sie von einer anwesenden Schauspielerin gelobt. Kein Wunder, dass sie in der folgenden Nacht davon träumte, Schauspielerin zu werden.

In London besuchte Margaret Rutherford die „Wimbledon Hill School". Im Alter von 14 Jahren wurde sie von ihrer Tante auf eine Internatsschule geschickt. Dabei handelte es sich um die „Raven's Croft School" in Upper Warlingham in Surrey. An dieser angesehenen Schule war man nicht an Schauspielerei interessiert. Aber man erkannte das musikalische Talent von Margaret und bildete sie als Klavierlehrerin aus. 1911 legte die 19-Jährige erfolgreich bei der „Royal Academy of Music" die Prüfung als Klavierlehrerin ab. Anschließend kehrte sie nach Hause zurück und gab Klavierunterricht. Die Honorare für ihre Klavierstunden waren sehr willkommen, weil ihre teure Schulausbildung die finanziellen Mittel ihrer Tante erschöpft hatten.

Nach dem Ersten Weltkrieg (1914—1918) verschlechterte sich der Gesundheitszustand der Tante sehr. Die Kranke bedurfte der Pflege und erhielt sie von Margaret, die damit ihre Dankbarkeit für die Zuwendung der Tante zeigen konnte. In jener Zeit hatte Margaret wenig Zeit für eigene Interessen.

Nach dem Tod der Tante im Jahre 1925 konnte Margaret ihr eigenes Leben führen. Sie erhielt ein Legat von 750 Pfund, erbte das Haus ihrer Tante und verkaufte es. Mit diesem Geld konnte die 33-Jährige ihr Lebensziel verwirklichen und sich der Schauspielerei zuwenden.

1925 sprach Margaret Rutherford bei Lilian Baylis (1874–1937, der „Queen des Old Vic Theatre", in London vor und wurde für die Saison vom September 1925 bis zum Mai 1926 als Schauspielschülerin angenommen. Noch 1925 debütierte die Schauspielerin mit dem markanten Kinn und der rauen Stimme auf der Bühne. Innerhalb von neun Monaten hatte sie elf Rollen. Doch nach dem Ende der Saison durfte sie nicht bleiben. Lilian Baylis erklärte ihr „Irgendwie passen sie nicht hinein" und entließ sie.

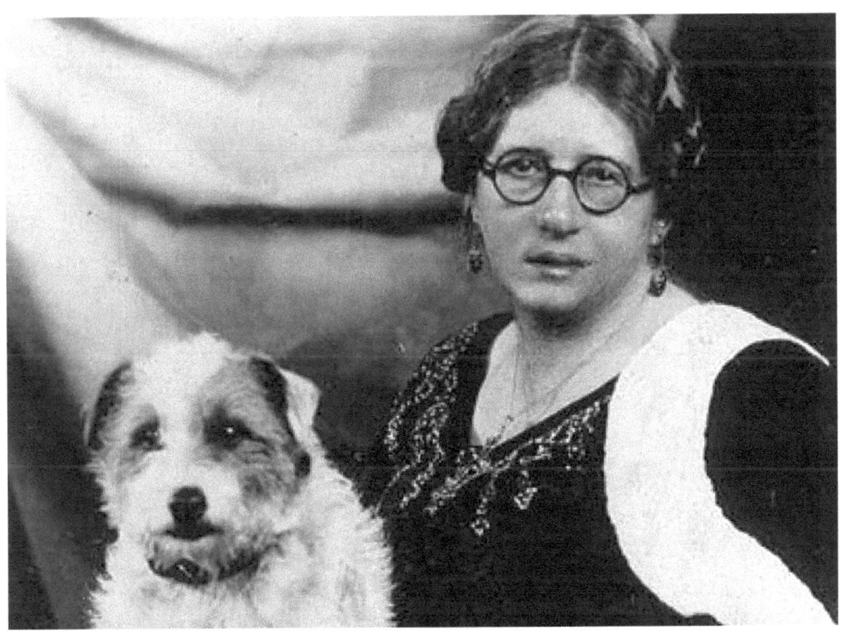

Lilian Baylis (1874–1937),
„Queen des Old Vic Theatre", in London

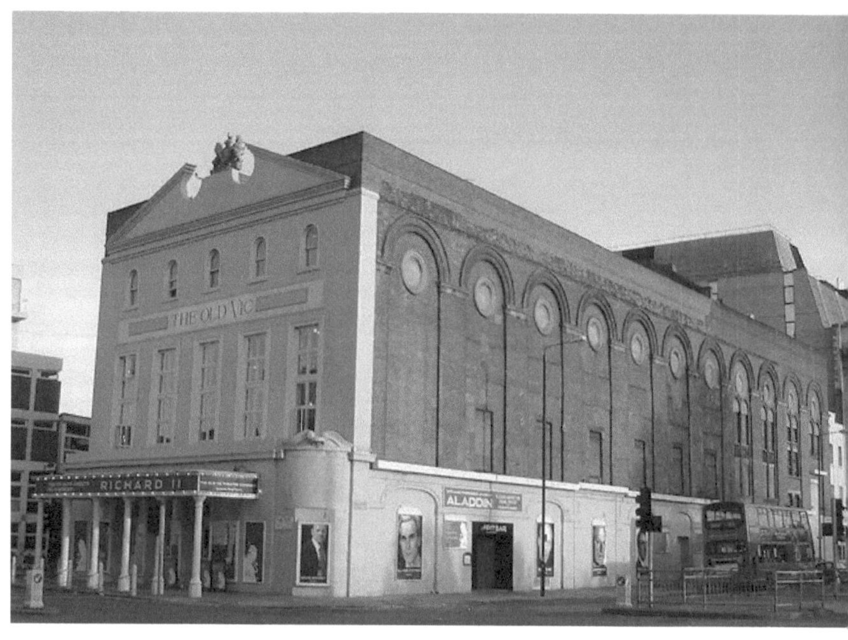

„Old Vic Theatre" in London,
Foto vom 12. November 2005

Durch die Entlassung am „Old Vic Theatre" verlor
Margaret Rutherford nicht ihren Mut. Sie gab Klavierunterricht in Wimbledon, schloss sich der dortigen
Amateurtheatergesellschaft an und hatte etliche Auf-
tritte. Er folgten Engagements am „Lyric Theatre" in
Hammersmith, „Fulham's Grand Theatre", „Epsom
Little Theatre" und „Oxford Playhouse".
Im „Oxford Playhouse" begegnete Margaret Rutherford
1931 einem jungen Schauspieler namens Stringer Davis
(1896–1973), eigentlich James Buckley Stringer Davis,
zu dem sie sich sofort hingezogen fühlte. Auch er mochte
sie sofort, aber es dauerte noch lange Zeit, ehe sich beide
wirlich nahe kamen.
In der Folgezeit spielte Margaret Rutherford am „Croy-
don's Greyhound Theatre" und bei „Greater London
Players". Ihr Wunschtraum war ein Engagement am
einem renommierten West End Theater in London. Ein
Kontakt deswegen mit dem Theaterdirektor Tyron
Guthrie (1900–1971) aus dem West End verlief erfolglos.
1935 wandte sich Margaret Rutherford erneut an
Guthrie. Sie bemühte sich um eine Rolle in dem Stück
„Hervey House". Doch der Produzent meinte, dass
keine Rolle in diesem Stück für sie geeignet sei.
Ungeachtet dessen bat sie Guthrie zum Vorsprechen
und erhielt die Zusage für eine Rolle als alternde Jungfer.
Margaret mimte die Lady Nancy, die elegant ganz in
Schwarz gekleidet war und Havanna-Zigarren rauchte.

Das Stück wurde kein Erfolg und nach einigen Wochen abgesetzt.

Erneut unter der Leitung von Guthrie spielte Margaret Rutherford die „Miss Flower" in dem Stück „Short Story" am „Queen's Theatre". Bei der Aufführung dieses Stückes im schottischen Edinburgh war das Publikum von Margarets Darstellungskunst sehr begeistert.

Ende 1935 wurde man auch in der Filmwelt auf Margaret Rutherford aufmerksam. Wegen Probeaufnahmen für den Film „Dusty Ermine" (1936) unternahm sie ihre erste Flugreise, die von Edinburgh nach London führte. Prompt erhielt sie in diesem Streifen die Rolle als „Miss Butterby", spielte das raffinierte Mitglied einer Fälscherbande und hatte somit ihr Debüt im Film. Während der Dreharbeiten pendelte sie zwischen London und Edinburgh. Ebenfalls 1936 wirkte sie in dem Film „Talk of the Devil" mit.

Während der späten 1930-er Jahre avancierte Margaret Rutherford zum Theaterstar. Damals stellte sie zahlreiche Größen der britischen Komödie in den Schatten. Sie spezialisierte sich auf die Darstellung exzentrischer ältlicher englischer Jungfrauen, einen Typ, den sie auch auf der Kinoleinwand verkörperte.

Im Januar 1939 bot man Margaret Rutherford die Rolle der „Miss Prism" in dem Stück „The Importance of Being Earnest" („Ernst sein ist alles") von Oscar Wilde (1853–1900) im „Globe Theatre" an. In Oxford spielte

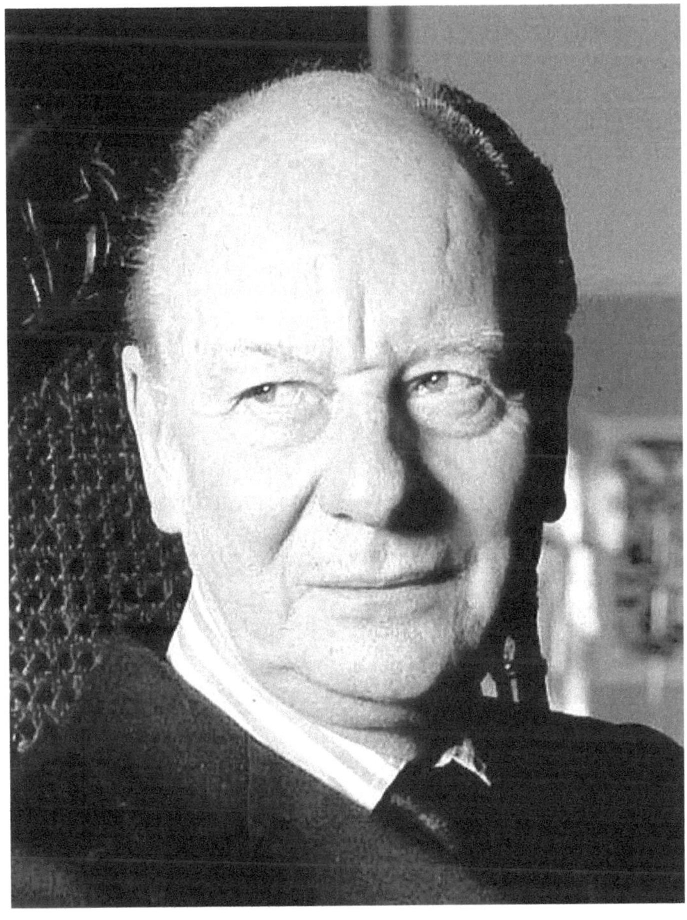

John Gielgud (1904–2000)

sie darin die „Lady Bracknell". Damals wurde sie im Programmheft auf ganzseitigen Fotos gezeigt. Nun wusste sie, dass sie den Durchbruch in der Theaterwelt geschafft hatte.

Auch während des Zweiten Weltkriegs (1939–1945) ging das Theaterleben in London weiter. Im Sommer 1941 feierte Margaret Rutherford als „Madame Arcati" in dem Stück „Blithe Spirith" („Geisterkomödie",) einen weiteren großen Erfolg auf der Bühne. Dieses Stück wurde 1945 mit Margaret Rutherford verfilmt.

14 Jahre nach ihrer ersten Begegnung machte Stringer Davis charmant Margaret Rutherford einen Heiratsantrag. Er holte sie vom Zug ab, fiel vor ihr auf die Knie und frage sie: „Willst du diesen Mann als Ehemann, in guten und in schlechten, in armen und in reichen Zeiten, in Krankheit und Wohlergehen?" Sie erhörte ihn und am 26. März 1945 erfolgte in der Kirche in Beaconsfield die Hochzeit.

1946 beendete Stringer Davis seinen Militärdienst. Margaret Rutherford spielte in jenem Jahr in den Filmen „Meet Me at Dawn" und „While the Sun Shines" mit. Danach erhielt sie eine Einladung von John Gielgud (1904–2000) für „The Importance of Being Earnest", womit er auf Amerika-Tournee gehen wollte.

1948 wirkte Margaret Rutherford in dem Theaterstück „Ring Around the Moon" im „Globe" mit. Zu einer Aufführung dieses Stückes kamen auch Königin Elizabeth II., die Königinmutter und andere Mitglieder

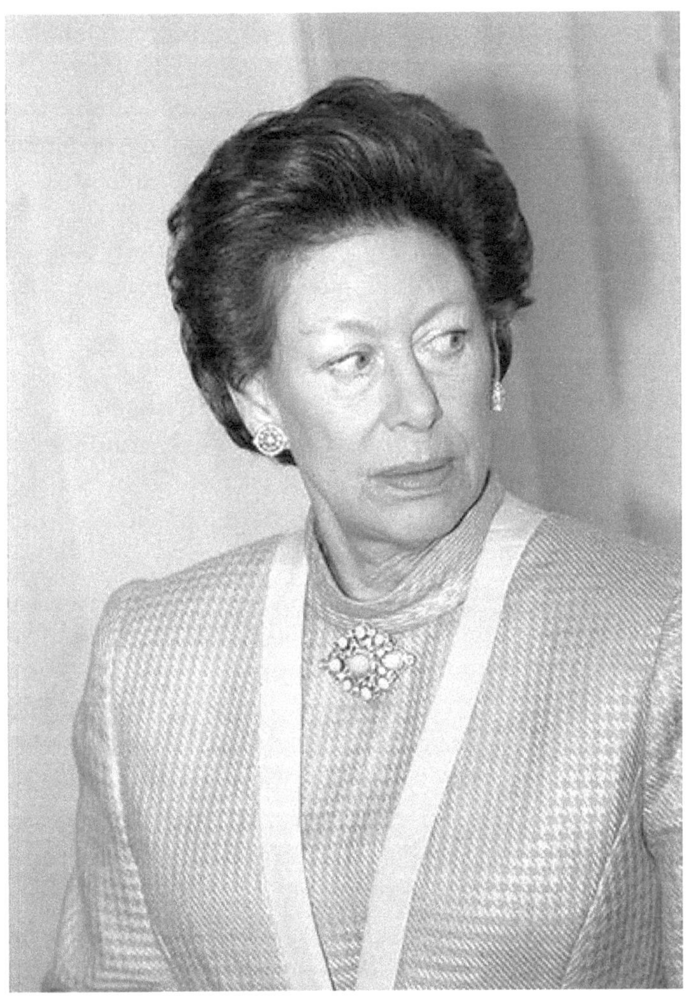

Prinzessin Margaret (1930–2002)

der königlichen Familie. Danach schlossen einige Mitglieder der „Royals" mit Margaret Freundschaft. Letztere war von Prinzessin Margaret (1930–2002), die denselben Vornamen wie sie hatte, besonders angetan. Als Fehler bezeichnete Margaret Rutherford ihre Mitwirkung in dem Film „Miss Hargreaves" (1954). Sie mochte zwar die Rolle der „Miss Hargreaves" mit ihren Phantasien, doch die Kritiker verrissen das Stück, nicht aber die Hauptdarstellerin.

1952 war Margaret Rutherford an fünf sehr unterschiedlichen Produktionen beteiligt. Am wichtigsten war vielleicht die Verfilmung des Stückes „The Importance of Being Earnest" („Ernst sein ist alles"), in der sie wieder die „Miss Prism" verkörperte. In diesem Jahr starb auch Elisabeth Orphin, die Margret lange Zeit bemuttert hatte.

Die große berufliche Belastung als Schauspielerin ging an Margaret Rutherford nicht spurlos vorüber. Nicht immer war sie die Frohnatur, als die man sie aus ihren Filmen kannte. Sie erlitt Nervenzusammenbrüche und hatte manchmal das Gefühl, nicht mehr voranzukommen. In solchen Zeiten der Melancholie zog sie sich zurück. Nur der sich rührend um sie kümmernde Stringer Davis durfte dann zu ihr.

Von Margret Rutherford ist ein Ausspruch überliefert, der Einblicke in ihr Seelenleben erlaubt: „Sie werden nie einen Komiker finden, der nicht auch einen starken Hang zur Schwermut hat. Beides gehört zusammen.

Jeder große Clown bewegt sich ganz nah am Rand zur Tragödie".

1960 besuchten Margaret Rutherford und Stringer Davis den in England geborenen jungen Schriftsteller Gordon Langley Hall (1937–2000) in seiner New Yorker Wohnung. Margaret trat damals am Broadway in dem Stück „Farewell" auf und war daran interessiert, in der geplanten Verfilmung des Buches „Me Papoose Sitter" aus der Feder von Hall die Rolle einer alten Indianerin zu spielen.

Margaret Rutherford und Stringer Davis adoptieren Hall, dessen Geschichte sie rührte, Anfang der 1960-er Jahre. Halls Vater Jack und seine Mutter Marjorie arbeiteten als Hausangestellte und Marjorie war bei seiner Geburt erst 16 Jahre alt. Gordon wurde nach seiner Geburt ohne Anwesenheit eines Arztes oder einer Hebamme wegen seiner stark geschwollenen Klitoris von nicht fachkundigen Anwesenden irrtümlich als männlich eingestuft. Doch eines Tages hatte er später starke Regelblutungen, kam in ein Krankenhaus und es wurde erkannt, dass er weiblich war. Nach einer Geschlechtsoperation Ende der 1960-er Jahre war er eine Frau, erfolgreiche Schriftstellerin und nannte sich Dawn Langley Simmons.

Eines Tages soll Stringer Davis seiner Ehefrau Margaret Rutherford gestanden haben, er sei hoffnungslos in den homosexuellen Schauspieler Sir John Gielgud verliebt. Seine Gefühle wurden aber angeblich nicht erwidert.

Diese umstrittene Geschichte bot natürlich Raum für allerlei Spekulationen.

Ende 1960 bot man Margaret Rutherford die Filmrolle der Amateurdetektivin „Miss Marple" aus Kriminalromanen und Kurzgeschichten der englischen Schriftstellerin Agatha Christie an. Die Autorin Christie war davon zunächst nicht sonderlich begeistert. Sie schilderte in ihren Werken die von ihr ersonnene „Miss Jane Marple" als hochgewachsene, zerbrechlich wirkende ältere Dame, die ganz anders anders als die kleine, kräftige gebaute und burschikos-freche Margaret aussah und auftrat. Agatha Christie und Margaret Rutherford lernten sich bei den Dreharbeiten kennen und wurden gute Freundinnen.

1961 verlieh Königin Elizabeth II. an Margaret Rutherford den Titel „Officer of the Order of the British Empire" („O.B.E"). Danach unternahm sie Besuche im Buckingham Palast, bei denen sie und ihr Ehemann viele Gespräche mit der Queen und deren Gemahl Prinz Philip führten.

Der erste Film von Margaret Rutherford als „Miss Marple" hieß „Murder She Sad" („16 Uhr 50 ab Paddington", 1961). Die Dreharbeiten hierfür auf dem Bahnhof in Paddington erregten großes Aufsehen. Etliche Reisende verpassten deswegen ihre Anschlusszüge. Damals lebten Margret Rutherford und Stringer Davis in Elm Closs, einem Anwesen in Gerrards Cross in Buckingshire.

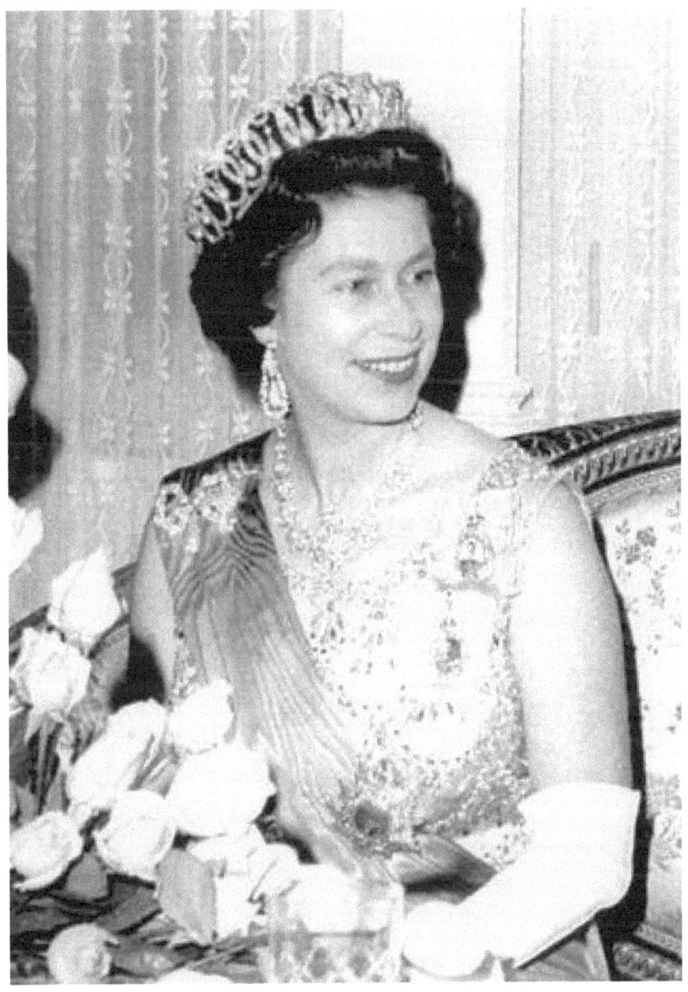

Königin Elizabeth II.

Nur der erste „Miss-Marple"-Film basierte auf einem Roman von Agatha Christie. Als Grundlage des zweiten und dritten „Miss-Marple"-Streifens dienten Geschichten des ebenfalls von Christie erdachten belgischen Detektivs „Hercule Pioirot". Die Handlung des vierten „Miss-Marple"-Films beruhte nur noch auf Motiven von Christie, die davon nicht sonderlich begeistert war.

Im zweiten „Miss-Marple"-Film „Murder at the Gallop" („Der Wachsblumenstrauß", 1963) schienen Margaret Rutherford und ihr Freund Robert Morley (1908–1992) in der Rolle eines Hotelbesitzers einen Wettstreit in Gesichtsausdrücken auszutragen. Der dritte „Miss-Marple"-Film trug den Titel „Murder Most Foul" („Vier Frauen und ein Mord", 1964). Noch im selben Jahr folgte der vierte „Miss-Marple"-Streifen „Murder Ahoy" („Mörder ahoi!", 1964).

In den vier „Miss-Marple"-Filmen von 1961 bis 1964 wirkte Stringer Davis, der Ehemann von Margaret Rutherford, als Bibliothekar Mr. Jim Stringer mit. In den Büchern von Agatha Christie tauchte er nicht auf. Seine Rolle wurde auf Wunsch seiner Gattin eingefügt. Ein fünfter geplanter „Miss-Marple"-Film mit dem möglichen Titel „Murder without End" wurde nicht verwirklicht. In dem Streifen „The Alphabet Murders" („Die Morde des Herrn ABC", 1965) hatten Margaret Rutherford und Stringer Davis nur einen kurzen Gastauftritt als „Miss Marple" und „Mr. Stringer".

Jeder ihrer „Miss-Marple"-Filme bescherte Margaret Rutherford ein Honorar von 16.000 englischen Pfund. Laut einer Veröffentlichung des britischen Rechnungshofes war 1963 die Kaufkraft des Pfunds 16 Mal höher als heute. Demzufolge hatten 16.000 englische Pfund eine Kaufkraft von etwa 250.000 Euro.

Für ihre Rolle als unkonventionelle Herzogin von Brighton in dem Streifen „The V.I.P.s" („Hotel International", 1963) gewann Margaret Rutherford einen „Oscar" als beste Nebendarstellerin. Der Film handelte von Flugpassagieren, die wegen Nebels auf dem Londoner Flughafen eine Nacht im Hotel verbringen müssen. 1966 brillierte sie als „Mistress Quickley" in „Falstaff" von und mit Orson Welles (1915–1985). Im Folgejahr sah man sie in „A Countess from Hongkong" („Die Gräfin von Hongkong", 1967).

Einer der wichtigsten Tage im Leben von Margaret Rutherford war der 1. Januar 1967. An diesem Datum erschien die „New Year's Honors List", auf der ihr Name stand, weil sie fortan dem Adelsstand angehörte. Königin Elizabeth II. erhob sie für ihre erfolgreiche Theaterarbeit als „Dame Commander of the British Empire" („D.B.E") in den Ritterstand.

Für die Synchronisation des in Italien gedrehten Films „Arabella" (1967) reiste Margaret Rutherford im Oktober 1967 nach Rom. Während dieses Aufenthalts stürzte sie im Hotelzimmer und brach sich dabei das Hüftgelenk. Nach der Rückkehr wurde sie nur langsam wieder gesund und fühlte sich dem Schicksal ausgeliefert. Damals plagten sie auch Geldsorgen, über die ihr Einnahmen durch Synchronsprechen vorerst hinweghalfen. Ihr Engagement für einen Wohltätigkeitsbasar, an dem sie auf Krücken teilnahm, verliehen ihrem Leben wieder einen Sinn und halfen ihr, ihre Depressionen zu bewältigen.

Wegen ihrer finanziellen Schwierigkeiten verkaufte Margaret Rutherford 1971 ihr geliebtes Haus „Elm Cross" in Gerrards Cross. Danach zog sie in das etwa fünf Kilometer von Gerrards Cross entfernte Chalfont Saint Peter um und wohnte dort in einem kleinen Bungalow.

Im Alter litt Margaret Rutherford an einer Alzheimer-Erkrankung. In den letzten Monaten ihres Lebens engagierte Stringer Davis zwei lesbische Krankenschwestern mit Auto, die Margaret in der Landschaft von Buckinghamshire herumkutschierten.

Kurz vor ihrem Tod wurde Margaret Rutherford von ihrem Freund Robert Morley besucht. Dabei war Margaret sehr aufgebracht und unglücklich, wusste aber angeblich wie immer nicht, warum.

Elf Tage nach ihrem 80. Geburtstag starb Margaret Rutherford am 22. Mai 1972 im Alter von 79 Jahren in Chalfont Saint Peter. Sie erlag an Komplikationen nach einem zahnärztlichen Eingriff. Man hat sie in der Gruft der St. James Church in Gerrards Cross in Buckinghamshire beerdigt.

Ihre Autobiografie „Margaret Rutherford" erschien
1972. Über sich selbst sagte Margaret einmal: „Mein
Erfolg kam spät, aber – wenn ich so sagen darf – in
recht sensationeller Art."
Nach dem Tod von Margaret Rutherford kümmerte sich
Violet Lang-Davis um den Witwer Stringer Davis. Sie
hatte die letzte Zeit im Leben von Rutherford in deren
Wohnung miterlebt. Lang-Davis stand Stringer so nahe,
dass eine Heirat zwischen den Beiden geplant gewesen
sein soll. Doch am 29. August 1973 starb Stringer Davis
im Alter von 74 Jahren im Bungalow in Chalfont Saint
Peter. Das Leben ohne Margaret Rutherford hatte für
ihn keinen Sinn mehr, heißt es.
Geheimnisumwittert ist ein ungeöffneter Brief des
bereits erwähnten Schauspielers John Gielgud, den
Stringer Davis bei seinem Tod in seiner Pyjamajacke
trug. Zusammen mit diesem Brief, der weiterhin
verschlossen blieb, wurde Davis beerdigt. Was in diesem
mysteriösen Brief stand, hat Gielgud bis zu seinem Tod
nicht verraten.
Geradezu reif für einen Film war das zeitweise Ver-
schwinden etlicher Wertgegenstände aus der Wohnung
der verstorbenen Margaret Rutherford. Darunter befand
sich auch der 1964 verliehene „Oscar". Dieses Gau-
nerstück wäre sicherlich ein hervorragender Fall für
„Miss Marple" gewesen.
1983 veröffentlichte die Adoptivtochter Langley Simmons Dawn eine Biografie über ihre Adoptivmutter.

Das Buch trug den Titel „Margaret Rutherford. A Blithe Sprit".

Ein großer Fan von Margaret Rutherford in Deutschland ist der 1963 in Wissen an der Sieg im Westerwald geborene Klaus Franz Rödder. Als er etwa neun Jahre alt war, sah er zusammen mit seiner Oma die „Miss-Marple"-Filme im Fernsehen an und war sofort faziniert von dieser „alten Schnüfflerin". Anfangs konnte er nur wenige Artikel aus der „Yellow-Press" über Margaret Rutherford sammeln. 1984 nahm er „Miss-Marple-Filme" auf Videocassetten auf, die er schätzungsweise 500 Mal ansah. In den 1990-er Jahren verhalf ihm das Internet zu vielen Informationen über sein Idol. Ende 2002 startete er eine Internetseite über Margret Rutherford. Im Dezember 2005 stand er erstmals an ihrem Grab in Gerrards Cross. 2008 suchte er Drehorte von „Miss-Marple-Filmen" auf. 2009 veröffentlichte er die Biografie „Die haben ihre Methoden – wir die unseren, Mr. Stringer".

Filme von Margret Rutherford

1941: Eine ruhige Hochzeit (Quiet Wedding)
1945: Geisterkomödie (Blithe Spirit)
1947: Das letzte Duell (Meet Me at Dawn)
1948: Miranda (Miranda)
1949: Blockade in London (Passport to Pimlico)
1950: Das doppelte College (The Happiest Days of Your Life)
1951: Der wunderbare Flimmerkasten (The Magic Box)
1952: Die Premiere findet doch statt (Curtain Up)
1952: Ernst sein ist alles (The Importance of Being Earnest)
1953: Ich und der Herr Direktor (Trouble in Store)
1954: Die Erbschaft der Tante Clara (Aunt Clara)
1955: Ein Alligator namens Daisy (An Alligator Named Daisy)
1957: Die kleinste Schau der Welt (The Smallest Show on Earth)
1957: Ein Spatz in der Hand (Just My Luck)
1959: Junger Mann aus gutem Haus (I'm All Right Jack)
1961: 16 Uhr 50 ab Paddington (Murder She Said)
1961: General Pfeifendeckel (On the Double)

1963: Auch die Kleinen wollen nach oben (The Mouse on the Moon)
1963: Hotel International (The V.I.P.s)
1963: Der Wachsblumenstrauß (Murder at the Gallop)
1964: Vier Frauen und ein Mord (Murder Most Foul)
1964: Mörder ahoi! (Murder Ahoy)
1965: Die Morde des Herrn ABC (The Alphabet Murders)
1965: Falstaff (Campanadas a medianoche)
1967: Die Gräfin von Hongkong (A Countess from Hong Kong)

Quelle: Wikipedia

Literatur

HEINZLMEIER, Adolf / SCHULZ, Bernd / WITTE, Karsten: Die Unsterblichen des Kinos, Band 2, Glanz und Mythos der Stars der 40er und 50er Jahre, Frankfurt am Main 1980
INTERNET MOVIE DATABASE
http://www.imdb.com und http://www.imdb.de
MARGARET RUTHERFORD * 11.05.1892 + 22. 05.1972 eine hommage von Klaus Rödder
http://www.margaretrutherford.com
MERRYMAN, Andy: Margaret Rutherford, die Schauspielerin hinter Miss Marple, Landshut 2011
PROBST, Ernst: Superfrauen 7 – Film und Theater, Mainz-Kostheim 2001
PUBLIKUMSLIEBLINGE NICHT NUR VON GESTERN http://www.steffi-line.de
RÖDDER, Klaus F.: Die haben ihre Methoden – wir die unseren, Mr. Stringer, Berlin 2009
SIMMONS, Dawn Langley: Margaret Rutherford: a blithe spirit, Columbus 1983
WIKIPEDIA (Online-Lexikon) http://wikipedia.org

Bildquellen

Klaus Benz, Fotograf, Mainz-Laubenheim: 36

Old Vic Theatre, London (Foto um 1920): 12

Klaus Franz Rödder, Mittelhof-Steckenstein
http://www.margaretrutherford.com (Bild von „Kalle",
Künstler aus Heidelberg, gestorben 2010): 1

Reproduktion eines Fotos vor 1920: 8

Serbia and Montenegro Historical Archives: 22

Fin Fahey/CC-BY-SA2.5: 13 (via Wikimedia
Commons),
lizensiert unter CreativeCommons-Lizenz by-sa-2.5-de
http://creativecommons.org/licenses/by-sa/2.5/
legalcode

David S. Paton/CC-BY-SA3.0: 18 (via Wikimedia
Commons), lizensiert unter CreativeCommons-Lizenz
by-sa-3.0-de
http://creativecommons.org/licenses/by-sa/3.0/
legalcode

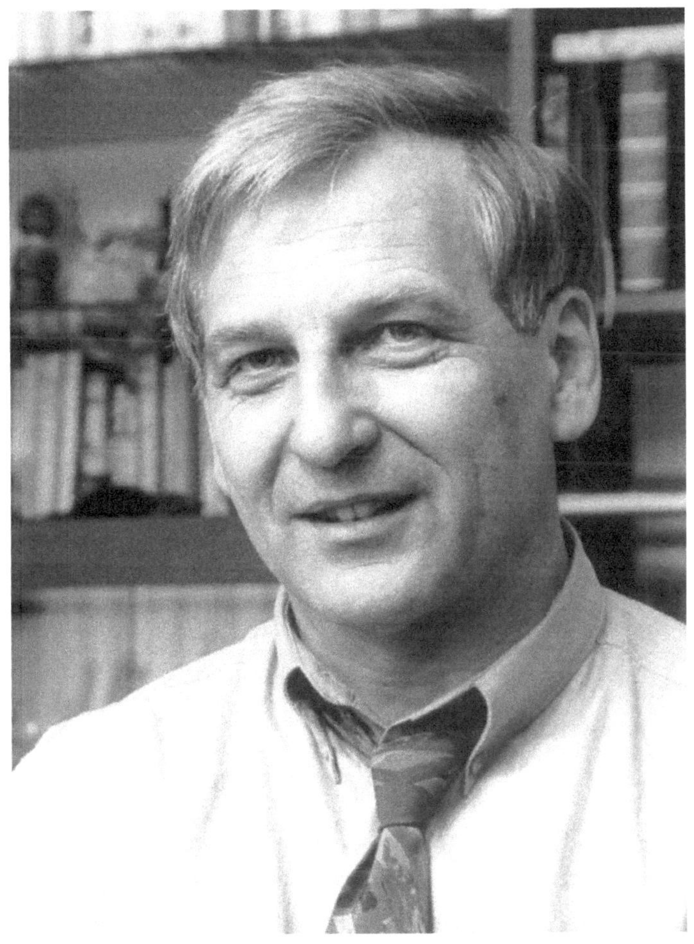

Autor Ernst Probst

Der Autor Ernst Probst

Ernst Probst, geboren am 20. Januar 1946 in Neunburg vorm Wald im bayerischen Regierungsbezirk Oberpfalz, ist Journalist und Wissenschaftsautor. Er arbeitete von 1968 bis 1971 als Redakteur bei den „Nürnberger Nachrichten", von 1971 bis 1973 in der Zentralredaktion des „Ring Nordbayerischer Tageszeitungen" in Bayreuth und von 1973 bis 2001 bei der „Allgemeinen Zeitung", Mainz. In seiner Freizeit schrieb er Artikel für die „Frankfurter Allgemeine Zeitung", „Süddeutsche Zeitung", „Die Welt", „Frankfurter Rundschau", „Neue Zürcher Zeitung", „Tages-Anzeiger", Zürich, „Salzburger Nachrichten", „Die Zeit", „Rheinischer Merkur", „Deutsches Allgemeines Sonntagsblatt", „bild der wissenschaft", „kosmos", „Deutsche Presse-Agentur" (dpa), „Associated Press" (AP) und den „Deutschen Forschungsdienst" (df). Aus seiner Feder stammen die Bücher „Deutschland in der Urzeit" (1986), „Deutschland in der Steinzeit" (1991), „Rekorde der Urzeit" (1992), „Dinosaurier in Deutschland" (1993 zusammen mit Raymund Windolf) und „Deutschland in der Bronzezeit" (1996). Von 2001 bis 2006 betätigte sich Ernst Probst als Buchverleger sowie zeitweise als internationaler Fossilienhändler und Antiquitätenhändler. Insgesamt veröffentlichte er rund 200 Bücher, Taschenbücher, Broschüren und E-Books.

Bücher von Ernst Probst

(Auswahl)

Als Mainz noch nicht am Rhein lag

Annie Oakley
Die Meisterschützin des Wilden Westens

Archaeopteryx. Der Urvogel
aus Bayern

Christl-Marie Schultes. Die erste Fliegerin in Bayern
(zusammen mit Theo Lederer)

Cortés und Malinche. Der spanische Eroberer
und seine indianische Geliebte

Der Europäische Jaguar

Der Mosbacher Löwe
Die riesige Raubkatze aus Wiesbaden

Der Rhein-Elefant
Das Schreckenstier von Eppelsheim

Der Schwarze Peter
Ein Räuber im Hunsrück und Odenwald

Der Ur-Rhein
Rheinhessen vor zehn Millionen Jahren

Deutschland im Eiszeitalter

Deutschland in der Frühbronzezeit

Deutschland in der Mittelbronzezeit

Deutschland in der Spätbronzezeit

Die Aunjetitzer Kultur in Deutschland

Die Straubinger Kultur in Deutschland

Die Singener Gruppe

Die Arbon-Kultur in Deutschland

Die Ries-Gruppe und die Neckar-Gruppe

Die Adlerberg-Kultur

Der Sögel-Wohlde-Kreis

Die nordische Bronzezeit in Deutschland

Die Hügelgräber-Kultur in Deutschland

Die ältere Bronzezeit in Nordrhein-Westfalen

Die Bronzezeit in der Lüneburger Heide

Die Stader Gruppe in der Bronzezeit

Die Oldenburg-emsländische Gruppe

Die Urnenfelder-Kultur in Deutschland

Die ältere Niederrheinische Grabhügel-Kultur

Die Unstrut-Gruppe

Die Helmsdorfer Gruppe

Die Saalemündungs-Gruppe

Die Lausitzer Kultur in Deutschland

Die Dolchzahnkatze Megantereon

Die Dolchzahnkatze Smilodon

Höhlenlöwen. Raubkatzen
im Eiszeitalter

Julchen Blasius
Die Räuberbraut des Schinderhannes

Katharina II. die Große.
Die Deutsche auf dem Zarenthron

Johann Jakob Kaup
Der große Naturforscher aus Darmstadt

Königinnen der Lüfte in Deutschland

Könginnen der Lüfte in Frankreich

Königinnen der Lüfte in England, Australien
und Neuseeland

Königinnen der Lüfte in Europa

Königinnen der Lüfte in Amerika

Königinnen der Lüfte von A bis Z

Rund 70 Kurzbiografien berühmter Fliegerinnen,
Ballonfahrerinnen, Luftschifferinnen, Fallschirm-
springerinnen, Astronautinnen und Kosmonautinnen

Königinnen des Films

Königinnen des Tanzes

Königinnen des Theaters

Malende Superfrauen
Meine Worte sind wie die Sterne

Die Entstehung der Rede des Häuptlings Seattle
(zusammen mit Sonja Probst)

Monstern auf der Spur
Wie die Sagen über Drachen, Riesen
und Einhörner entstanden

Neues vom Ur-Rhein
Interview mit dem Geologen und Paläontologen
Dr. Jens Sommer

Österreich in der Frühbronzezeit

Österreich in der Mittelbronzezeit

Österreich in der Spätbronzezeit

Pompadour und Dubarry. Die Mätressen
von Louis XV.

Raub-Dinosaurier von A bis Z.
Mit Zeichnungen von Dmitry Bogdanav
und Nobu Tamura

Rekorde der Urmenschen
Erfindungen, Kunst und Religion

Rekorde der Urzeit
Landschaften, Pflanzen und Tiere

Säbelzahnkatzen. Von Machairodus
bis zu Smilodon

Säbelzahntiger am Ur-Rhein. Machairodus
und Paramachairodus

Superfrauen aus dem Wilden Westen

Superfrauen 1 – Geschichte

Superfrauen 2 – Religion

Superfrauen 3 – Politik

Superfrauen 4 – Wirtschaft und Verkehr

Superfrauen 5 – Wissenschaft

Superfrauen 6 – Medizin

Superfrauen 7 – Film und Theater

Superfrauen 8 – Literatur

Superfrauen 9 – Malerei und Fotografie

Superfrauen 10 – Musik und Tanz

Superfrauen 11 – Feminismus und Familie

Superfrauen 12 – Sport

Superfrauen 13 – Mode und Kosmetik

Superfrauen 14 – Medien und Astrologie

Tony und Bruno Werntgen. Zwei Leben für die Luftfahrt
(zusammen mit Paul Wirtz)

Was ist ein Menhir?
Interview mit dem Mainzer Archäologen
Dr. Detert Zylmann

Weisheiten der Indianer

Wer ist der kleinste Dinosaurier?
Interviews mit dem Wissenschaftsautor Ernst Probst

Wer war der Stammvater der Insekten?
Interview mit dem Stuttgarter Biologen
und Paläontologen Dr. Günther Bechly

Zenobia von Palmyra.
Eine Frau kämpft gegen die Römer

Bestellungen bei: http://www.grin.com